KATHARSIS

KATARZA

Jadranka Ivanović - Bolog

Nakladnik
Herstellung und Verlag:
BOD – Books on Demand, Norderstedt
ISBN: 978-3-7357-6299-3

Übersetzerin
Prevodioc

Nataša Dragnić

Fotografie
Aysha J. Nasser

Jadranka Ivanović - Bolog

KATHARSIS

KATARZA

„Das Auge ist das Licht des Leibes. Wenn dein Auge lauter ist, so wird dein ganzer Leib licht sein. Wenn aber dein Auge verdorben ist, so wird dein ganzer Leib finster sein. Wenn nun das Licht, das in dir ist, Finsternis ist, wie groß wird dann die Finsternis sein ?!"

MATTHÄUS

„ Oko je svjetiljka tijelu. Zato, bude li ti oko zdravo, čitavo će ti tijelo biti u svjetlu. Ali ako ti je oko bolesno, čitavo će ti tijelo biti u tami. Postane li tamom svjetlost koja je u tebi, kolika li će biti tama?!"

MATEJ

GEÖFFNETE ZEIT

Ich blicke
durch die geöffnete Zeit
und sehe den sorglosen Hirten
von Welt und Weite getrennt,
unter den Sternen schläft er.

Geweckt vom Blitzen und Donnern
aus jenem Urtraum,
in dem die Seele unsterblich wird,
treibt er seine Schäfchen aus Stein.

Er zählt sie lange
und immer wieder,
während sie entschwinden
durch die geöffnete Zeit.

OPTISCHE TÄUSCHUNG

Schwimmt das Schiff

oder schwimmt die Insel,

sicher ist,

sie treffen sich oft

und streiten sich,

wer segelt hier davon.

Die Insel schwebt ewig,

das Schiff legt manchmal an.

Sei du das Schiff,

die Insel werde ich.

STILLSTAND

Immer müder wird der Mond
von seinem Wachen
vom Entstehen des Lebens
von der Herrschaft des Menschen.
Keine Explosionen mehr,
keine langen klärenden Gespräche
in der Ära des Stillstandes.

Immer näher rückt der Mond
berühren können wir ihn schon,
seine blutige Gestalt
der Teller, der uns ernährt.

Sehr groß ist nun der Mond,

nach Unterhaltung mit uns sehnsüchtig.

ANGST EINER PINIE

Nacht war es,
Wald
und im Walde eine Pinie,
ihre Seufzer der Dunkelheit Wunde.

Gestorben ist sie schon
in ihren Wurzeln
die Einsamkeit fällt ihr schwer.

Über den Tod denkt sie nach,
nicht über den Schmerz.
Wie soll sie einschlafen
ohne ein vertrautes Ohr
für ihre Beichte.
Angst hat sie
vor dem letzten Atemzug
vor jenem Augenblick der Ewigkeit,
wie soll sie sich verabschieden
von allen Sehnsüchten
nie begegneten -
Liebe
diese wahre Lebensglut.

Nacht war es,
Wald
und im Walde eine Pinie,
der Dunkelheit Wunde
ihr Seufzer.

BRISE

Wie hieß noch

der Mann

im grauen Mantel

-ob im Sommer oder Winter,

wie hieß er noch?

Vielleicht ist er umgezogen,

ohne Abschied weggegangen,

oder im hohen Gras eingeschlafen

-aber wie hieß er noch?

Vielleicht des Neumondes Heiligenschein

oder das Schilf im Nebel des Sumpfes,

die Briese aller Jahreszeiten,

die umgezogen ist

vom Sommer in den Herbst,

vielleicht im Gras eingeschlafen?

5.

Wie hieß noch

der Mann

im grauen Mantel

-ob im Sommer oder Winter?

DER CLOWN IST TOT

Ich bildete mir ein, ich wäre Dichter,

ich bildete mir ein, ich wäre Maler,

großer, leidenschaftlicher Tangotänzer

-in jedem von uns sind das

unwiederkehrende Glücksgeburten.

Bei all den Einbildungen

starb der Clown vor Hunger

-niemand rief nach Zugabe.

CHANCE

Wenn du den Mond

auf der Hand hieltest,

würdest du ihn auslöschen

für großen Ruhm und Geld,

oder dich in seinen Glanz

verwandeln

und für immer weiter strahlen?

Du bist aber nur ein Mensch,

der auf seine Chance wartet.

SCHLAFLOSIGKEIT

Ich zog die Nacht an,
starke Flügel der Schlaflosigkeit
und flog in die Ferne
in Gebiete unbekannte.
Da sah ich den Tag,
wie er winselte und sich versteckte,
dieser hilflose Welpe,
der nicht erwachsen werden will…
Jetzt ist schon der Morgen
-ist schon der Morgen?

UNWETTER

Ich bemühe mich
in meiner Blindheit
einen Lichtpunkt zu finden
-in eine Bettlerin verkleidet
auf der Suche nach ihm.
Ich bemühe mich
stillzuhalten
über mich
über die anderen
und während wir alle schweigen
-liegt darin die große Lüge.
Ich bemühe mich
wie eine Sternschnuppe
zu fallen
in den tiefen Brunnen,
aus dem ich die Nacht schöpfe.
Ich bemühe mich,
aber es donnert schon
und das Unwetter naht.

VERGISS NICHT…

Ich ängstige mich um dich,
du fallender Komet,
ich ängstige mich um die Erinnerung
deiner Träne, die glüht
deiner Träne, die brennt
und schon auf dem Weg ist,
du bist ein Krater
groß wie mein Auge,
vergiss mich nicht…

DER SCHAUSPIELER WAR UNSCHULDIG

Wieder einmal starb Judas
wenn auch in einem anderen Menschen,
aufgehängt an des Theaters Brett
freiwillig, fürs Publikum.
Sein Tod ist wirklich
und schon etliche Male aufgeführt,
Verrat am Galgen,
das beispiellose Drama,
diesmal mit dem echten Tod bestraft,
mit Zugaben preisgekrönt,
mit langem Applaus.
Und doch
wieder einmal starb Judas
-und der Schauspieler war unschuldig.

BRANDSTUMMEL

Eines Tages werde ich
in die dunkle Höhle gehen
und der Schäfer werden
den unruhigen Gedanken,
den Hummeln im Frühjahr;
und eine fleißige Biene werden
allen schönen Blumen,
und meine Seele wird aufblühen.
Eines Tages werde ich
am Ufer des schnellen Flusses bleiben,
um das Rauschen seiner Geschichten
zu verstehen
-vielleicht wird es
von meinen Fragen müde,
und meine Seele wird aufblühen.
Eines Tages wird der Friede,
wenn ich ihn in mir finde,
zu einem schwimmenden Brandstummel,
dem völlig einerlei ist,
wohin ihn der Fluss mitnimmt,
und meine Seele wird aufblühen.

KLEINER WOLF

Man sagte mir,
ein kleiner Wolf
werde kommen
im Hain auf dem Hügelchen,
lauten, souveränen Schrittes,
er werde gut zu sehen sein
im herrschenden Vollmond
und Angst hatte ich keine.
Man sagte mir, die Psyche
sei nichts als eine brennende Kerze der Angst,
die sich vor jedem Tier fürchtet,
nichts als die Psyche eines scheuen Bettlers,
Und Angst hatte ich keine.
Man sagte mir,
der Fluss sei
eine angestupste Wiege
der Nacht,
in dem alles doch schwimmt,
wenn die Angst fort sei,
und Angst hatte ich keine.

VERSPÄTETE EWIGKEIT

Etwas Schweres lastet mir
auf dem Herzen,
wie der Regen,
der sich auf dem Weg macht,
ohne ein Wölkchen,
ohne dich.
Ein König schläft auf seinem Thron,
ein Keim unter dem Schnee.
Des alten Baumes Krone
beugt sich mit der letzten Kraft
zu ihrer sterbenden Wurzel
und fragt – ob die Ewigkeit sich doch verspätet?
Ohne dich.

GEMÄLDE

Keinen Ausweg mehr in Sicht

versteckte ich mich in einem Gemälde,

da blieb ich viele Jahre

lediglich ein unsichtbares Pünktchen.

Den Fallen aus Wörtern und Gesprächen

hörte ich angstvoll zu,

aus den lügenden Mundwinkeln -

machtlos war das Gemälde,

wurde zu einem Mann

mit mürrischem Gesicht,
und der Rahmen zu einer gedrechselten Lüge.
Keinen Ausweg mehr in Sicht
entstieg ich dem Bilderrahmen
und wurde zu einem kosmischen Pünktchen,
einem freien, herumwandernden Körnchen.

KARAWANEN

Wohin, Mütterchen, wohin?
Dein Weg ist das Ende
einer Ewigkeit,
die Uhr rann aus
bei der Geschichte bis zur Bewusstlosigkeit erzählt,
abgenutzte Kirchenglocken,
Karawanen der Leidenschaft und Sinnlosigkeit,
die dir den Schlaf rauben,
und doch sagst du
alles würde ich genau so wieder machen.

Der Große Krieg und Frieden
alles jetzt egal ist,
Details sind das wichtigste im Leben.

Obwohl du noch da bist,
lebst du schon in meiner Erinnerung -
eingerahmt, ruhig und friedevoll
immer auf der Spur
jener Karawane
aus der Vergangenheit.

Wohin, Mütterchen, wohin ?

WIDERHALL

Unsere Sprache kennt er
und kehrt immer zurück
zum Ursprung

ein Satz ist er
ein gedehnter Draht,
mit ausgebreiteten Händen
eine tiefe Gruft,
der Vogel entflohen
vom Widerhall erschreckt

der Himmel aufgetrennt
der Bach ausgetrocknet
durch seine endlose Wiederkehr -
wes war wohl die erste Stimme?

MEIN HEIM

Und Bettler wirst du sein
in feiner Tracht
mit würdevollem Gang.
Und Bettler wirst du sein,
der schlimmste von allen.

Und traurig wirst du sein,
während alle glücklich sind.
Und traurig wirst du sein,
der traurigste von allen.

Und Gott wird sein
ein Fremder nur
ein Gast nur
in seinem Heim.

LANDSCHAFT

In der Fülle eines Olivenhains
erblickte ich einen seltsamen Mann
er selbst – ein Baum,
eine Wurzel
ein Kettenglied der Vergangenheit.

Die Starre dieses Wesens

seine Härte

auch ohne ein Wort

sagten viel

über die Collage aus Metaphern

eigener Chiffern

und Sprache,

über die Fülle eines Olivenhains

sprach

des Malers Pinsel.

RAUBTIER

Sagen kann ich dir nicht,

wie viel Getreide es noch

in der Mühle gibt,

ich bin ein Müller,

der nicht sprechen kann.

Ich gebe dir ein Zeichen,

wenn ich ins Leere mahle,

Hunger ist ein hungriges Raubtier,

mit Lügen

soll man es irreführen.

KATHARSIS

Diese Nacht schritt ich auf Dornen
eines eingeschlafenen Schmerzes,
der über dem Flussnebel
in der dunklen Schlucht verschwand.

In sie hinab fielen Steine
und schwere alte Bäume
da starben auch seltene Kräuter,
der Himmel am Zerreißen.

Diese Nacht schritt ich auf dem Schmerz,
stärker aber leichter als er,
diese Nacht wurde ich ein dichter Regen,
vom lieben Gott
befreiter Körper.

PUKOTINA U VREMENU

Pogledavam

kroz Pukotinu u Vremenu

i vidim bezbrižnog čobana,

odvojenog od svijeta i daljina,

kako spava pod zvijezdama.

Probuđen munjama i gromovima
iz tog sna od iskona
da je Ljudska Duša besmrtna,
on potjera ovčice od kamena.

Brojao ih je dugo
i uvijek iznova,
a one su zamicale
u Pukotini Vremena.

OPTIČKA VARKA

Plovi li to brod
ili plovi otok,
sigurno je
često se susreću
i ne vjeruju
jedno drugome
tko zapravo plovi.
Otok plovi vječno,
brod ponekad
uz obalu pristaje.
Ti budi brod,
ja ću otokom biti.

ZATIŠJE

Sve umorniji je Mjesec
od svog bdijenja,
od života postanka,
od vladavine čovjeka...
nema više eksplozija,
jasnih razgovora dugih
u eri zatišja.

Sve bliži nam je Mjesec,
rukama ga dodirnuti možemo
i njegov je krvav lik
tanjir sa koga se hranimo.

jako velik sad Mjesec je,
razgovora s nama željan....

STRAH JEDNOG BORA

Bila je noć,
šuma
i Bor u šumi,
a rana toj tami uzdah njegov.
On već je umro
u Korijenu svome,
pa mu teško samome....
Mislio je o Smrti,
ali ne o Bolu,
kako li će zaspati,
a nema kome kazati
sad ispovijed svoju.
Strah ga bi
od zadnjeg zraka udaha,
tog trenutka Vječnosti,
kako li se rastati
od sveg za čim pati,
a nikad upoznati-
-Ljubav...
taj pravi žar Života.
Bila je noć,
šuma
i Bor u šumi,
a rana toj tami
uzdah njegov.

POVJETARAC

Kako se zvao
onaj čovjek
u sivom mantilu
i ljeti i zimi,
kako se zvao?

Možda se negdje preselio,
bez pozdrava otišao
ili je u visokoj travi zaspao,
ali kako se on zvao?
Možda korona mladog mjeseca,
šaš u magli močvara,
povjetarac svih godišnjih doba,
koji se preselilo
iz ljeta u jesen,
možda je u travi zaspao?
Kako se zvao
onaj čovjek
u sivom mantilu i ljeti i zimi?

KLAUN JE UMRO

Umislio sam da sam pjesnik,
umislio da slikar sam,
veliki, strastveni plesač tanga,
u svatkom od nas oni su
neponovljivi porođaji sreće.
Od svih silnih umišljaja
klaun je umro od gladi,
nitko ga nije pozvao na bis.

PRILIKA

Kad bi ti mjesec
na dlanu bio,
da li bi ga ugasio
za veliku slavu i pare
ili bi se u sjaj
njegov pretvorio
i zauvijek sjao ,
a samo čovjek ti si,
koji priliku svoju čeka.

NESANICA

Obukoh se u noć

jaka krila nesanice

i poletjeh daleko

u krajeve nepoznate,

tu vidjeh dan

kako cvili i skriva se,

to štene bespomoćno

što nikako da odraste...

sad već jutro je,

zar već jutro je...

NEVRIJEME

Trudim se,
u svom sljepilu,
svijetlu točku pronaći,
te preruših se
u bezumnu prosjakinju
tražeći je.

Trudim se
da šutim o sebi
i šutim o drugima,
i dok svi šutimo
u šutnji je laž velika.

Trudim se
da padnem kao
zvijezda padalica
u duboki bunar
iz koga noć zahvatam.

Trudim se,
ali već grmi
i Nevrijeme će.

NE ZABORAVI....

Bojim se za tebe

kometo što padaš,

bojim se za sjećanje tvoje,

u suzi što žari

u suzi što pali

i već skoro teče

ti si krater velik

kao oko moje,

ne zaboravi me.

GLUMAC JE BIO NEVIN

Opet je umro Juda,
ali u drugom čovjeku,
obješen za teatra dasku,
dobrovoljno za publiku.

Njegova smrt je stvarna
i već puno puta ponavljana,
izdajstvo na vješalima,
ta bez primjera drama,
ovog puta pravom smrću osuđena,
nagrađivana bisevima,
dugim aplauzima...

Ipak,
Opet je umro Juda,
a Glumac je bio Nevin.

UGARAK

Jednom ću otići

u tamnu pećinu

i biti pastir

nemirnim mislima,

u proljeće bumbarima,

i biti vrijedna pčela

svim lijepim cvjetovima,

i procvast će duša moja..

Jednom ću ostati

na obali brze rijeke,

da razumijem šumove

kojima ona priča,

možda se oni umore

od pitanja mojih,

i procvast će duša moja...

Jednom će taj mir,

kad ga nađem u sebi,

postati ploveći ugarak,

kome je baš svejedno

gdje ga voda nosi,

i procvast će duša moja....

MALI VUK

Rekli su mi

da će doći

mali vuk

u šumicu na brdašcu,

u velikom plastu sijena,

hoda glasna ,suverena...

vidjet će se jako dobro

bit će puna mjesečina

i strah me ne bi...

Rekli su mi da je psiha

tek užgana svijeća straha,

što se baš svake zvjerke boji

tek psiha plahog siromaha,

i strah me ne bi....

Rekli su mi

da je rijeka

zaljuljana zipka

mraka,

u kojoj sve ipak plovi

kada nema straha,

i strah me ne bi....

ZAKASNILA VJEČNOST

Pritislo je nešto teško

na srce,

poput kiše što se

na zemlju sprema,

a ni oblačka nema,

ni tebe nema....

Jedan kralj na tronu spava,

jedna klica ispod snijega,

zadnja snaga drveta staroga

krošnjom se savila

do korijena umirućeg svoga,

te pita-kasni li to vječnost?

a ni tebe nema...

SLIKA

Nemajući više kuda
sakrih se u sliku,
tu ostadoh mnogo godina
samo točkica neprimjetna.
Riječi i razgovora zamke,
iz lažljivih uglova usana,
slušala sam preplašena
i slika je bila nemoćna.
Slika je postala čovjek
lica namrštena,
a okvir laž izmišljena..
Nemajući više kuda
iziđoh iz slike okvira
i postadoh točkica svemira,

lutajuća trunka slobodna.

KARAVANI

Kuda si krenula starice,
put tvoj je kraj
jednoj vječnosti,
ura iscurila
od priče ponavljane do besvijesti,
istrošena crkvena zvona,
karavani strasti a gluposti
zbog kojih ne možeš zaspati,
a kažeš
sve bi to mogla ponoviti.

Veliki Rat ili Mir
sve sad svejedno je,
detalji to je ono u životu najvažnije...

Iako još tu si
već sad sjećam te se -
-uokvirena, mirna i spokojna
uvijek na putu
tog karavana

iz prošlosti...

Kuda si krenula starice?

JEKA

Ona poznaje naš jezik
i uvijek se vraća
na mjesto događaja

rečenica ona je
razvučena žica,
ruku raširenih
jarak dubok,
odletjela ptica
jekom uplašena

rasparalo se nebo,
presušio potok
od ponavljanja njenog

tko li je bio govornik prvi...

MOJ DOM

I bit ćeš prosjak
u finom odijelu,
dostojanstvenoga hoda,
i bit ćeš prosjak,
najgori od prosjaka svih.

I bit ćeš tužan,
dok drugi su srećni
i bit ćeš tužan,
najtužniji od svih.

I bit će Gospod
samo stranac ,
samo gost

u Domu Svom.

PEJSAŽ

U pejsažu jednog maslinjaka
spazih čudna čovjeka,
on sam bio je drvo,
jedan korijen,
iz prošlosti karika.

Nepomičnost tog živog stvora,
tvrdoća karaktera
i bez razgovora
govorili su puno
o kolažu metafora
sopstvenog koda
i jezika,
o pejsažu jednog maslinjaka
govorila je

kičica slikarska....

ZVIJER

Ne mogu ti reći

koliko žita još

u tom mlinu ima,

mlinar sam

koji govoriti ne zna.

Dat ću ti znak

kad meljem na prazno,

glad je gladna zvijer,

koju lažima

zavarati treba...

KATARZA

Noćas sam hodala po trnju
jedne usnule boli,
što se iznad riječne magle
u kanjonu mračnome gubi.

U njega palo je stijenje
i teška stabla stara,
umrle su tu i rijetke trave,
a nebo počelo da se para.

Noćas sam hodala po bolu
jača, a lakša od njega,
noćas sam gusta kiša postala,

od dragog Boga

oslobođeno tijelo...

Inhalt

1. Geöffnete Zeit

2. Optische Täuschung

3. Stillstand

4. Angst einer Pinie

5. Brise

6. Der Clown ist tot

7. Chance

8. Schlaflosigkeit

9. Unwetter

10. Vergiss nicht

11. Der schauspieler war unschuldig

12. Brandstummel

13. Kleiner Wolf

14. Verspätete Ewigkeit

15. Gemälde

16. Karawanen

17. Widerhall

18. Mein Heim

19. Landschaft

20. Raubtier

21. Katharsis

Sadržaj

22. Pukotina u vremenu

23. Optička varka

24. Zatišje

25. Strah jednog bora

26. Povjetarac

27. Klaun je umro

28. Prilika

29. Nesanica

30. Nevrijeme

31. Ne zaboravi

32. Glumac je bio nevin

33 /34. Ugarak

35/36. Mali vuk

37. Zakasnila vječnost

38. Slika

39. Karavani

40. Jeka

41. Moj Dom

42. Pejsaž

43. Zvijer

44. Katarza

Istovremeno bivajući čovjekom koji pokušava pronaći sopstvene nade suočena sa sumornom stvarnošću koja je obuhvata unutar isprepletenih izlaza svijesti. Raznovrsnost? Umnoženost svijesti? Jednostavnost složenosti pojavnih oblika saznanja? Sve su to mogućnosti poetike ove autorice, a koje zavise od nas, čitalaca. Kao i sve, različitost spoznajnih činjenja čitanja nas čini jednoobraznim individuaama koje različito saznajno opće, a time i različito spoznajno razumijevaju. Poetiku? Poruku? Čin? Da, upravo u tome se kriju neslućene pretpostavke radujućih usmjerenja koja pokušava naći, iako u traganju ponekad gubi nadu..." *Od svih silnih umišljaja / klaun je umro od gladi / nitko ga nije pozvao na bis..."* već na sljedećoj *krivini sunovrata* ona dijeli bol... „*Samo sol ostala je / da je probaš / za sjećanje*" idući dalje, svjesna traženja...sebe, upravo u toj, naizgled nepremostivoj, boli.

Sabahudin Hadžialić

Sarajevo, Bosna i Hercegovina

14.11.2013.